SOUVENIRS PERSONNELS

SUR LA

BATAILLE DE LA MARNE

PAR

M. l'abbé FORMÉ

Curé de Germigny-l'Évêque
Pro-Curé de Varreddes
Officier de l'Instruction Publique

——

Extrait du Bulletin de la Société Littéraire et Historique de la Brie

MEAUX

IMPRIMERIE-LIBRAIRIE G. LEPILLET

——

1916

SOUVENIRS PERSONNELS

SUR LA

BATAILLE DE LA MARNE

PAR

M. l'abbé FORMÉ

Curé de Germigny-l'Evêque
Pro-Curé de Varreddes
Officier de l'Instruction Publique

———⊰⊱———

Extrait du Bulletin de la Société Littéraire et Historique de la Brie

MEAUX
IMPRIMERIE-LIBRAIRIE G. LEPILLET

———

1916

SOUVENIRS PERSONNELS

sur la bataille de la Marne

M. Droz, notre vénéré président, a bien voulu me demander, en votre nom, de vous communiquer mes souvenirs sur la bataille de la Marne. C'est un devoir pour moi de déférer à son gracieux désir.

Je m'efforcerai de vous exposer le plus brièvement possible les incidents auxquels j'ai été personnellement mêlé, pendant les quelques jours de l'invasion allemande dans notre région de Meaux.

Loin de moi la pensée de vous décrire la fameuse bataille de la Marne dans tous ses détails. Vous le savez, cette bataille si glorieuse pour nous se subdivise en plusieurs batailles régionales. Je ne saurais vous la raconter dans tout son ensemble, mais si vous voulez la connaître assez exactement, il est utile de consulter *l'Illustration* du 12-19 septembre et le journal *le Temps* du samedi 3 octobre 1914.

En me retirant à Meaux, je me suis trouvé au milieu de la bataille livrée dans le demi-cercle au nord de cette ville, depuis Villeroy, Chauconin, à l'ouest, jusqu'à Varreddes-Germigny-l'Evêque, à l'est. Je me bornerai à vous raconter toutes les choses affreuses que j'ai vues de mes yeux. *Quæque ipse miserrima vidi.* Et quoique mon cœur, à ce souvenir douloureux, recule épouvanté, je commencerai.

Quanquam animus meminisse horret luctuque refugit.

Incipiam.

Mes premières paroles seront consacrées à saluer en votre nom, mes bien chers collègues, avec une patriotique et religieuse émotion, tous nos soldats, et, en particulier, tous les enfants de Meaux et des pays voisins tombés dans nos plaines de la Brie pour le salut de Paris et de notre France bien-aimée! Que leurs corps y reposent en paix, au milieu de nous, et que leurs âmes, près de Dieu, jouissent de la lumière éternelle !

Le mardi, 1er septembre, vers 5 heures du soir, une vingtaine de voitures remplies d'émigrants belges et français arrivaient à Germigny-l'Evêque. Touchés de compassion, nous leur distribuâmes les secours dont ils avaient besoin et nous leur fîmes passer la nuit dans la belle propriété de MM. Perrin, les grands éditeurs, l'ancien château des évêques de Meaux. Les Allemands sont derrière nous, nous avaient-ils dit. Deux heures plus tard, nous apprenions que Lizy-sur-Ourcq était évacué. Le mercredi, 2 septembre, à 3 heures du matin, l'alarme est donnée dans notre pays. Il faut partir. Nous sommes menacés d'être dans la ligne de feu. Plus des trois quarts des habitants s'enfuient, pêle-mêle. A 7 heures, ma vieille domestique, depuis trente ans à mon service, m'avertit qu'elle a fait ses paquets et qu'elle me laissera seul, si je persiste à vouloir demeurer. Je descends alors dans la rue. Quelques paroissiens terminaient leurs préparatifs. « M. le Curé, me disent-ils, ne restez pas, nous partons tous ». Je prends la dernière place d'une voiture, conduite par le papa Claudin, vieillard de 91 ans. On avait attaché derrière cette voiture une dizaine de vaches dont la marche désordonnée imprimait parfois au véhicule d'inquiétantes oscillations.

Plusieurs d'entre elles brisaient leur longe et il fallait courir à travers champs pour les rattraper. Quel exode angoissant, au milieu des vieillards, des femmes et des enfants affolés ! Nous arrivons à Trilport. Après trois heures d'attente, nous montons dans un train pris d'assaut par une cohue indescriptible. Lorsque le train finit par s'ébranler, nous risquons d'être écrasés.

A Meaux, une foule énorme envahit les wagons que nous venons de quitter pour fuir vers Paris. Le matin même, la Municipalité a fait tambouriner que l'approche de l'ennemi paraissait imminente. Les personnes qui voudraient partir pourraient prendre place dans des trains mis à leur disposition.

Passant sur le boulevard Jean-Rose, je vois M. le Maire accompagné d'un colonel anglais avec lequel il venait de faire le logement de l'état-major du général sir Douglas Haig, dans la maison de M. de la Villeboisnet. Nous nous saluons et nous nous serrons la main. — « M. le Maire, lui dis-je alors, nos pays sont évacués et je viens me réfugier à Meaux ». — « J'en suis enchanté, me répond M. Lugol. Vous connaissez tout le monde, ici, vous pourrez y faire beaucoup de bien à ceux qui resteront, et ils ne sont pas nombreux. »

Hélas! en effet, c'était la solitude, un vrai désert. Le silence était morne, lourd, effrayant. Toutes les portes fermées, tous les volets clos. Il me semblait que Meaux était une ville morte et j'avais l'impression d'errer dans un cimetière, dans une vaste nécropole!

Je vais au Petit Séminaire et je demande à M. l'abbé Bizord, supérieur, l'hospitalité qu'il m'accorde généreusement. Je n'avais emporté qu'un peu de linge et les objets les plus nécessaires. Le Petit Séminaire avait été converti en ambulance n° 17, de 130 lits. Dans la nuit du 1er au 2 septembre, à 2 heures du matin, les blessés furent évacués sur Orléans.

Nous étions seuls, M. Bizord et moi, mais bientôt le vénérable M. le chanoine Jamain se joignait à nous et nous formions à nous trois ce que M. le Supérieur appelait aimablement : « la Collégiale. »

Dans la nuit du mercredi, 2 septembre, au jeudi 3, l'armée anglaise, en pleine retraite, traversait Meaux. Jamais je n'oublierai cet interminable et triste défilé. Un silence lugubre planait que seul troublait le pas cadencé des soldats. Dans la matinée du jeudi 3, de tous côtés retentissaient de formidables détonations. On faisait sauter tous les ponts, passerelles et bateaux-lavoirs.

Il était environ midi. M. Lugol, pendant toute la matinée, s'était concerté avec M. Testart, premier conseiller-municipal, et M. Danvin également conseiller et toutes les personnes de bonne volonté qui avaient bien voulu se joindre à lui. Il se trouvait à l'Hôtel-de-Ville, arrêtant avec elles toutes les dispositions à prendre pour la constitution d'un Comité chargé d'assurer l'alimentation de la ville. La réunion allait finir, lorsqu'une personne très émue s'écrie : « Monsieur le Maire, les Anglais disent qu'ils vont faire sauter le pont du Marché ». M. Lugol s'élance aussitôt vers le pont et trouve là le général Haig qui avait passé la nuit avec tout son état-major dans la propriété de M. de la Villeboisnet. Et, alors, s'adressant à lui, il le supplie de faire sauter non pas le pont du Marché, mais celui de Cornillon, comme en 1814 et en 1870. Il indique le danger pour les moulins qui sont la beauté et la richesse de la ville de Meaux, les inconvénients de séparer la population en deux parties. Mais le général, après avoir consulté la carte et ses officiers du génie, répondit que c'était impossible et que le pont sauterait aussitôt après le passage du dernier de ses soldats. Un sous-officier français envoyé par le colonel commandant la commission de gare venait, alors, dire à M. Lugol qu'on n'attendait plus que lui pour faire partir le dernier train. M. Lugol étant mobilisé avec le grade de capitaine devait infailliblement, si les Allemands le trouvaient dans la ville, être fait prisonnier. Les Anglais ayant annoncé qu'ils allaient faire sauter le pont de Chalifert, M. Lugol se rendit donc à la gare. Plusieurs de mes amis m'ont dit l'avoir vu monter bien tristement dans ce dernier train qui semblait emporter avec lui tout ce qui nous rattachait encore à notre armée et à notre patrie.

Dans l'après-midi, le pont du Marché devait être coupé. Toutes les rues y donnant accès sont barrées par les Anglais. J'arrive à la rue du Grand-Cerf. Plusieurs ouvriers en bourgeron m'entourent et conversent avec moi. Seul, M. Gustave Huin, employé à la banque Vouillemont, est en paletot. Un capitaine anglais les considérant, me dit : « *Only the poor people have remained*. Seuls, les pauvres gens sont restés. » — Que vous dit cet officier, me demandent mes concitoyens ? — Ce sont les pauvres gens qui sont restés. — Ah ! oui ! Dites-lui que ce sont les *purotins*. — Purotins, me répond le capitaine, *what is it ?* Qu'est-ce que cela ? — Impossible de vous le traduire en anglais, c'est de l'argot. — Expliquez-lui, alors, que nous sommes dans la *purée !* »

Le capitaine me dit également : « Nous sommes de fameux marcheurs, entraînés à tous les exercices du corps. Eh bien ! les Allemands marchent encore plus vite que nous. Voici cinq jours, sans trêve et sans sommeil, qu'ils nous poursuivent. Ils font jusqu'à 60 kilomètres dans une journée. C'est une lutte acharnée de marches et d'endurance ». — Mais vous le savez, les Anglais, en fin de compte, furent les plus résistants. Les Allemands ne purent ni les accrocher, ni les désorganiser. Lorsque les alliés, le samedi 5 septembre, par un merveilleux rétablissement, reprirent l'offensive sur la Marne, les Anglais étaient prêts et jouèrent dans cette bataille de la Marne un rôle des plus brillants.

Ce même jeudi, 3 septembre, vers 5 heures et demie, je rencontre sur le boulevard Jean-Rose, devant la propriété de M. de la Villeboisnet, une voiture dont le cocher, M. Ducreux,

consent à me conduire à Germigny pour chercher, dans mon
église, les vases sacrés. Nous sommes obligés de passer par le
village de Varreddes, car le pont de Trilport était coupé.

A l'entrée de Germigny, Mme Eugène Canaple dont le mari
est paralysé, accourt au devant de moi. — « Ah ! c'est vous,
monsieur le Curé, s'écrie-t-elle ! Sauvez-nous ! — Comment,
vous êtes encore ici ? Vous m'aviez dit de ne pas m'occuper de
vous, qu'on devait venir vous chercher. — Hélas ! personne
n'est venu ! — Eh bien ! c'est entendu. Préparez-vous, et,
demain matin, à 7 heures, M. Ducreux viendra vous chercher,
avec deux autres personnes, M. et Mme Lemaire qui n'ont pu
fuir. » Il en fut ainsi. Dans le village de Varreddes, j'avais ren-
contré le curé, M. l'abbé Fossin. — « J'ai été chez vous, me dit-il,
pour me confesser. On m'a dit que vous veniez de partir. —
Vous feriez bien de venir avec moi, lui répondis-je aussitôt.
Vous savez que les Allemands, envers les prêtres sont sans
pitié. — Où êtes-vous, me dit-il ? — Au Petit Séminaire. C'est
votre maison aussi bien que la mienne. Là, nous ne fuyons
pas le danger, puisque la ville de Meaux abandonnée par
13.000 habitants sur 14.000 est ainsi jugée dans une très péril-
leuse situation. Nous restons également à la porte de nos
paroisses et, en une heure, nous pouvons y revenir. — Oui,
c'est vrai, me dit-il, mais moi, ce n'est pas comme vous, j'ai
encore 80 paroissiens, et, enfin, à mon âge, que voulez-vous
qu'ils me fassent ? » — Hélas ! que lui ont-ils fait ? Je ne peux
pas vous dire toute ma pensée, mais j'ai la conviction qu'après
un long martyre, ils l'ont massacré, les misérables !

Le vendredi, 4 septembre, après avoir ramené de Germigny
mes paroissiens, M. Ducreux m'y conduit à 1 heure de l'après-
midi. Nous partons avec ma vieille domestique et M. Lemaire.
Je voudrais rapporter tous les objets précieux que, la veille au
soir, j'avais préparés. Nous arrivons au milieu de la côte rapide
qui descend dans Varreddes. Tout à coup, nous apercevons
trois cavaliers explorant les bas-fonds du côté du canal,
vers Germigny qu'on découvre dans un site ravissant. — Ce
sont des Belges, dit M. Lemaire. — Non, répondis-je, il n'y a
pas de Belges dans notre région. — Ce sont des Anglais, dit
M. Ducreux. — Peut-être, car ils étaient-hier à Germigny ; mais
regardez bien, n'ont-ils pas des casques à pointes ? — Oui. —
Eh bien ! je les reconnais, maintenant, ce sont des dragons

allemands. Attention ! Soyons prudents. Continuez d'avancer,
mais au pas. Si nous retournions, ils tireraient sur nous. Nous
descendons... lentement. Nous n'étions plus qu'à vingt mètres
d'eux, lorsque, tout à coup, ils tournent bride et se dirigent
vers l'entrée de Varreddes. Là, près du pont du canal, la route
fait un coude, et il est impossible de voir dans le village. Les
cavaliers disparaissent à nos yeux. Ils sont peut-être cachés
derrière les murs du jardin situé près du pont. Rien ! Nous
arrivons au pont. Cette fois, la vue s'étend jusqu'à la place de la
Mairie. Tenez, les voici, à trente mètres de nous. Et devant la
maison du docteur Tabard, il y a un peloton. Le régiment se
tient devant l'école, sous les tilleuls. Déjà les têtes de colonnes
se dirigent sur le pont de Germigny. Comme personne ne fait
attention à nous, dis-je au cocher, retournez au pas jusqu'au
sommet de la côte, et, de là, au galop jusqu'à l'Evêché. A
l'avenue de la République, plusieurs habitants de Meaux m'in-
terrogent, entre autres M. Durlin, Mme Leclerc... Que se
passe-t-il, M. Formé? — Les Allemands sont à Varreddes !
Je rencontre mon vieil ami, M. Hurtel, qui crânement est en
famille, avec sa femme et ses enfants. Qu'avez-vous, me dit-il,
et pourquoi courez-vous ainsi? — Les Allemands sont à
Varreddes; ce soir, ou demain matin, ils entreront dans Meaux.
— Mais non, s'écrie-t-il, vous vous trompez! — Mais je compris
qu'il disait cela pour ne pas effrayer les siens. Je vois un peu
plus loin, un autre de mes bons amis, M. Testart, si longtemps
capitaine de nos chers pompiers. Il sortait de l'hospice où il
assistait dans son rôle très difficile, M. Sassot, son dévoué
directeur. Il se multipliait encore pour remplir ses devoirs de
premier conseiller municipal, tandis que M. Danvin, resté dans
le quartier du Marché, veillait avec M. le Curé, mon cher confrère, l'abbé Duperche et d'autres zélés citoyens à tous les
besoins de la population.

Nous arrivons, enfin, à l'Evêché. Je demande à voir Monseigneur, immédiatement. On m'introduit. Monseigneur était
entouré d'une dizaine d'hommes environ. — Qu'est-ce qui vous
amène ici, me dit-il? — Monseigneur, j'ai le regret de vous
annoncer l'arrivée des Allemands! — Où cela? — A Varreddes.
— Mais, non, c'est impossible; vous vous trompez! — Non,
Monseigneur, je ne me trompe pas. Je vous le répète : j'ai le
regret de vous annoncer l'arrivée des Allemands à Varreddes.

— Mais non, mais non ! — Un de ces messieurs se lève, alors :
Monseigneur, si l'abbé Formé vous le dit, c'est vrai, car il les
connaît ! — Eh bien ! messieurs, dit alors Monseigneur, à
demain, à la même heure, si les circonstances le permettent. »
Nous restons seuls, Monseigneur et moi. Soudain, Monseigneur
très ému : « Avez-vous vu mon frère ? s'écrie-t-il. — Votre
frère, Monseigneur ? — Oui, mon frère, vous ne l'avez pas vu ? —
Mais non, Monseigneur. — A quelle heure êtes-vous parti ? —
A 1 heure. — A quelle heure êtes vous revenu ? — A l'instant. —
Et vous n'avez pas vu mon frère ? — Monseigneur, ma voiture
est à votre porte, si elle peut vous être utile, nous irons à la
recherche de votre frère. — Monseigneur sort dans la rue.
Tout-à-coup, quatre hommes débouchent au coin de la rue, en
face de l'épicerie Cornet. — Ah ! le voici, mon frère, s'écrie
Monseigneur ! C'était lui, en effet, avec deux contre-maîtres de
l'usine du ferro-nickel de Lizy sur-Ourcq et M. Alfred Dagneau,
chauffeur de Monseigneur. Ils avaient été faits prisonniers au
même endroit où j'avais failli le devenir et conduits au général
en chef, à Barcy. « Regardez, leur dit ce général, comment est
faite une division allemande. Allez-vous en à Meaux, je vous
rends la liberté — je garde votre auto — et dites que, demain,
à la même heure, nous serons devant Paris. »

Le lendemain, samedi, 5 septembre, à cette même heure, la
bataille de la Marne commençait. Les Allemands n'étaient pas
devant Paris. Paris et la France devaient être sauvés *miracu-
leusement !*

Il était 1 heure un quart. Nous sortions du réfectoire,
M. l'abbé Bizord et moi, lorsqu'un formidable coup de canon
retentit du côté de Villeroy. Bientôt, le crépitement des mitrailleuses, le vacarme de la canonnade jetèrent l'alarme parmi la
population. La bataille se rapprochait de Meaux. Nous distin-
guons les lueurs sinistres de l'incendie. C'est la ferme Proffit, à
Neufmontiers et quelques maisons de Chauconin qui brûlent.
Bientôt c'est le tour de la ferme de Chaillouet.

Le dimanche, 6 septembre, à 6 heures du matin, la bataille
recommence. A notre grande joie, nous constatons qu'une
batterie de 75 est sur les hauteurs de Crégy. La canonnade
dure jusqu'à 9 heures du soir.

Le lundi, 7 septembre, dès 5 heures du matin, la bataille est
épouvantable au nord de Meaux, puis au nord-est, vers Cham-

bry, Barcy, Varreddes, Germigny-l'Evêque, Etrépilly. M. l'abbé
Bizord, M. l'abbé Jamain et moi nous disons notre messe.
Quelles messes! Nous nous la servons mutuellement. Le canon
nous fait tressaillir et ébranle l'autel. Les distractions furent
nombreuses et toutes les rubriques ne furent pas observées.
Vers 11 heures du matin, Meaux commence à être bombardé.
Les obus viennent de Germigny-l'Evêque, ma paroisse, et quels
obus!

Nous étions à l'Hôtel de Ville, Mgr Laveille, M. Bizord et
moi. Dès les premiers coups nous nous replions. Rue Notre-
Dame, devant la maison de M. le docteur Vilpelle nous rece-
vons sur la tête et les épaules des gravats. Nous entrons à
l'Evêché. Vers 11 heures et demie, Monseigneur nous invite à
déjeûner. M. Bizord répond : « J'ai charge d'âmes et j'ai le
devoir de mettre mon personnel en sûreté. » Cela dit, il me
regarde; je le comprends et nous partons sous les obus qui
éclatent au-dessus de notre tête.

Dans la rue de Chaâge, nous rasons les murs de la propriété
de M. de la Villeboisnet. En nous voyant passer, Mlle Bocquet
ouvre sa fenêtre : « Hein! monsieur le Supérieur, s'écrie-t-elle,
hein! comme ils tirent bien, nos amis les Anglais! Seulement,
c'est drôle, ils cassent tous nos carreaux ! » Malgré le comique
de cette réflexion nous continuons d'avancer, obligés souvent
de nous baisser. Le passage à niveau est franchi. Tout à coup,
M. Hurtel sort de chez lui. « Je crois bien, nous dit-il, que
ces... gredins-là nous bombardent. » Et il marche avec nous,
inconscient ou plutôt insoucieux du danger. « Rentrez chez
vous, lui disons-nous ; vous risquez d'être tué ! » Nous voici au
Séminaire. M. Bizord fait descendre dans les sous-sols le personnel et tous les habitants du quartier qui déjà sont venus s'y
abriter. Pendant deux jours et deux nuits le Petit Séminaire
sera l'asile de tous ces réfugiés. M. Bizord leur donnera de
grand cœur le vivre et le couvert avec le réconfort moral.

De 2 heures à 6 heures, le bombardement redouble d'inten-
sité. Cinq obus éclatent dans le Séminaire, trois tout à côté
et le quartier est copieusement arrosé. La bataille devient
effrayante. De 3 heures à 5 heures, le crépitement ininterrompu
des mitrailleuses et de la fusillade nous plonge dans l'angoisse,
bien plus encore que le fracas du canon. Nous étions, comme
tous les jours, aux différentes fenêtres du troisième étage.

C'était notre théâtre, notre cinéma ; mais quel théâtre, quel cinéma ! Au fracas énervant des rafales du 75, nous tombons à genoux et nous récitons le chapelet pour nos soldats qui se battent si près de nous. Toute ma vie je me souviendrai de ce chapelet. Si la diction laissa beaucoup à désirer, la prière fut pleine de ferveur. Avec quelle ardente supplication nous disons : Saint Louis, sainte Geneviève, sainte Clotilde, bienheureuse Jeanne d'Arc, priez pour nos soldats !

Le bombardement de Meaux cessa vers 6 heures du soir. Le vieux cimetière lui-même est très éprouvé. Quelques jours plus tard, je conduisais à ce cimetière M. Lugol, maire et député de la ville de Meaux. Je le verrai toujours devant les tombes dont les ossements étaient à découvert. Le képi à la main, les yeux humides, il contemplait une de ces tombes où nous lisions : Ici repose *en paix*..... en 1844 ! Et soixante-dix ans plus tard, les obus bouleversaient cette tombe sacrée ! Voilà, m'écriai-je, voilà la paix d'ici-bas, dans laquelle le défunt devait reposer *pour toujours !* Oui, *pour toujours*, car sur un morceau de pierre nous lisons : Concession... et plus loin, sur l'autre fragment : *à perpétuité !* « Telle est, ajoutai-je, telle est, monsieur le Maire, la perpétuité des choses humaines ! » Et nous sortîmes tous deux du cimetière, silencieux, plongés dans de profondes réflexions.

De 9 heures à minuit, c'est vers Varreddes, Germigny-l'Evêque, Etrepilly qu'une bataille nocturne reprend. Les cris de chacals des marocains et des turcos se mêlaient au bruit des mitrailleuses et du canon. Et dans les profondeurs du ciel, une lune superbe, au milieu des étoiles, se balançait paisiblement, et de sa douce lumière éclairait et baignait cette scène d'horreurs !

Les blessés arrivaient alors au Séminaire et plus nombreux encore, le lendemain mardi. Mais il me faudrait une autre conférence pour raconter tous les détails au sujet de la mentalité de ces blessés et particulièrement des marocains et des turcos. De quels soins généreux et dévoués ils furent entourés, par M. l'abbé Bizord, par deux sœurs Augustines et les dames volontaires qui veillaient sur eux !

Le mardi, 8 septembre, de grand matin, la bataille recommence. Mais elle va s'éloigner.

Ici, je veux raconter un trait dont le récit me fera rendre

encore et toujours hommage à la vérité. Ce mardi 8, en pleine
rage de la bataille, M. G. La Peyre, sous-préfet de Meaux,
courait à Neufmontiers où se trouvaient neuf majors français.
« Venez à Meaux, leur dit-il, auprès de nos blessés ! » Impossible, sans l'autorisation du médecin principal Collinet, lui
fut-il répondu. Celui-ci exige à son tour un ordre du général de
division qui était à Penchard sur la ligne de feu. Sans hésiter,
M. le Sous-Préfet l'aborde, au milieu des obus qui éclatent de
tous côtés. Il obtient enfin du général Drude trois médecins-
majors, mais après promesse formelle de les renvoyer le soir
même. Le général lui remet alors un ordre écrit qui restera
entre les mains de M. le Sous-Préfet comme un précieux témoi-
gnage de sa bienfaisante activité et de son courageux dévoû-
ment envers nos blessés de Meaux.

Ce même mardi, 8 septembre, les Allemands firent sauter le
pont de Germigny-l'Evêque, pour assurer leur retraite. Un
sergent-major et neuf soldats français du 117e de ligne arrivaient par le sud à Germigny. Nos dix héros y furent tués. Leur
mort fut pour Germigny l'immédiate rançon de la délivrance.
Ils sont inhumés au pied d'une croix, sur le chemin qui conduit
au cimetière et leur tombe est pieusement entretenue. Nombreux sont les visiteurs et surtout les soldats qui viennent prier
pour eux, et, souvent des détachements en armes leur rendent
les honneurs.

Outre le pont détruit, les Allemands ont incendié la ferme de
Germigny et des bâtiments. De nombreux obus français sont
tombés dans le village. Les vitraux de l'église sont percés de
balles. Il en était de même pour les fenêtres de ma salle à
manger. Je ne veux rien dire du pillage du presbytère et des
autres maisons. Ce fut un vrai pillage allemand, cela suffit. Les
barbares ne m'ont rien laissé de précieux. Ils ont pris tous les
souvenirs dans lesquels je puisais mes seules et dernières joies.
Mais qu'importent tous les souvenirs, qu'importent toutes les
joies, à côté du souvenir de notre victoire, à côté de la joie de
notre libération ? C'est chez nous qu'a été remportée cette
victoire de la Marne à laquelle il faut toujours revenir, parce
qu'elle a été le salut de la civilisation.

Chez l'instituteur de Germigny-l'Evêque, M. Eugène Ourry,
les Allemands ont jeté dans un seau hygiénique deux croix de
la Légion d'honneur. Dans son buvard, ils ont laissé un billet

en allemand dont je lui ai donné la traduction : « Toi, lâche, faux, ordure de Français, tu dois apprendre à nous connaître, nous autres Allemands. » Et dans la salle de classe, on lisait cette inscription sur le tableau noir : « A Paris ! Avec les meilleures salutations des Poméraniens. »

Le mercredi 9 septembre, M. Hurtel et moi, dans l'automobile du général Pau, nous voulons aller à Germigny par le champ de bataille et Varreddes. Mais à la Briqueterie, malgré le mot d'ordre, les chasseurs d'Afrique refusent de nous laisser passer. « Vous serez en danger d'être tués, nous disent-ils ; il y a encore des Allemands dans les petits bois. »

Vers 3 heures de l'après-midi, j'y retourne seul. Le capitaine me voyant décidé, me dit : « Passez à vos risques et périls. Auparavant, commencez votre ministère par nos propres soldats. » Sur quatre corps déchiquetés, je récite le *De profundis*. Mais il m'est impossible de l'achever. Je voyais les pleurs couler lentement des yeux de nos soldats, baigner leurs armes et arroser la terre. *Spargitur et tellus lacrimis, sparguntur et arma !*

J'arrive à Varreddes, non sans grande difficulté. Les grosses branches des arbres qui bordent la route de chaque côté, tranchées par les obus de 75 comme par un gigantesque rasoir, la couvraient dans toute sa largeur. De nombreux cadavres jonchaient la terre. Près du pont du canal de l'Ourcq, je trouve bien alignés environ deux cents jolis paniers de shrapnells que les Allemands n'ont pas eu le temps d'emporter. A l'entrée du village, quatre uhlans avec leurs chevaux sont étalés. A la demande de ces cavaliers, deux vieillards leur tendaient un verre de vin, lorsque, tout à coup, un obus de 75 bondissant éclate avec fracas. Il fauche les quatre uhlans et par un hasard providentiel épargne les deux vieillards qui se sauvent épouvantés. Une ambulance est installée dans la maison de Mme Duclos. J'entre dans le salon. Sur un peu de paille gisent des soldats allemands affreusement mutilés. Auprès d'eux, aucun major, aucun infirmier. Ils me crient tous : *Wasser ! Wasser !* de l'eau ! Une douzaine de catholiques demandent à se confesser.

Le lendemain, jeudi, 10 septembre, je reviens à Varreddes avec M. Ducreux et M. l'abbé Herbin, aumônier des Augustines de Meaux.

Dans l'église de Varreddes, veuve de son vieux curé que nos

ennemis, furieux de leur défaite, ont ravi à son domicile, de nombreux blessés allemands sont venus chercher un asile. Mais là encore, aucun médecin, aucun infirmier. Seul, sur sa croix, du haut de l'autel, le divin Crucifié, les bras tendus, leur prêche le sacrifice et la charité. Je prodigue les consolations religieuses aux catholiques.

Mais je suis indigné que les Allemands aient saisi comme otages dix-neuf habitants de Varreddes, et avec eux M. le Curé, l'abbé Fossin, mon vieux voisin, âgé de 75 ans. Je ne peux me retenir de leur faire entendre ce que je pense de leur cruauté : « J'estimais le peuple allemand. Je vantais votre obéissance, votre courage, votre esprit de famille et de sacrifice, votre patriotisme ardent. Mais depuis que vous avez emmené les habitants de ce village et leur vieux curé, sans pitié pour ses infirmités, sans respect pour son caractère sacré, je ne peux plus nourrir ces sentiments à votre égard ». A ce moment, un soldat s'approche et me prend par le bras : « Un officier voudrait vous parler, me dit-il. » Il me conduit près de la stalle, à l'entrée du chœur, du côte de la chaire. Là, sur la paille, est étendu un officier supérieur. « Monsieur le Pasteur, j'ai entendu tout ce que vous avez dit. Il y a des choses justes et vraies. » — « Oui, les qualités que je vous ai reconnues. » — « Oh ! monsieur le Pasteur, le moment n'est pas de plaisanter. Mais vous nous reprochez d'avoir pris le vieux curé de cette paroisse. Sachez, et c'est toujours très grave pour nous, sachez qu'il a été vu dans son clocher. » — « C'est un prétexte, m'écriai-je, et c'est faux. » — « Eh bien ! il sera jugé ! Je ne suis pas catholique mais évangéliste. Cela ne fait rien, le bon Dieu est le même pour tous. Voulez-vous me bénir, voulez-vous prier pour moi, voulez-vous me donner votre main ? Dites à ce prêtre qui est là de faire la même chose avec vous. »

Je traduis son désir à mon confrère, M. l'abbé Herbin, et j'ajoute : Nous ne pouvons pas lui refuser cela. » Je prends la main gauche de cet officier, M. Herbin, la main droite, et nous récitons le *Pater*. A ces paroles : « pardonnez-nous nos offenses, comme nous pardonnons à ceux qui nous ont offensés », nous pleurions tous les trois !

— Courage et confiance, lui dis-je alors. Les Français ne sauraient tarder et vous serez soigné avec humanité. — « Trop tard, monsieur le Pasteur, regardez ! » Et prenant un verre à moitié plein de sang sur le prie-Dieu : « Hélas ! j'ai les deux poumons perforés ! »

Qu'il me soit permis de citer ici l'éloquent commentaire de cette scène écrit dans *le Figaro* par M. Julien de Narfou :

« Rude épreuve pour une âme sacerdotale et française ! Ces deux prêtres savent quelle est la part de responsabilité du commandement allemand dans les pillages, les massacres, etc. Ils n'hésitent pas. Chacun d'eux prend la main qui lui est tendue. Et les trois hommes récitent ensemble la grande prière chrétienne : *Notre père... pardonnez-nous nos offenses comme nous pardonnons*. Quelle grandeur dans la tragique simplicité de cette scène ! Et chaque fois que le prêtre prononcera la formule d'absolution qui libère de la damnation, chaque fois, l'homme qui fut coupable, l'homme dont la main a peut-être versé le sang de quelqu'un de ces prêtres que le Kaiser fait immoler comme des victimes choisies au vieux Dieu allemand, baise cette main de prêtre qui vient d'appeler sur lui le pardon de Dieu ! Ah ! comme la pensée de la mort est apaisante, quand elle est une pensée de foi ! Comme elle s'entend à rétablir entre deux êtres la fraternité humaine que la guerre a bouleversée ! Comme elle restaure en sa dignité native ce pauvre cœur où Bossuet nous enseigne que Dieu, quand il le créa, y mit en premier lieu, *la bonté !* »

A Lizy-sur-Ourcq où seulement 38 habitants sur 1.900 sont restés, il y a trois stations de blessés allemands. Dans l'école, le fameux major Davidson est très occupé à extraire des éclats d'obus. Il quitte son patient et m'accueille avec la plus grande courtoisie. « Je viens consoler religieusement vos blessés et vos mourants. » — « Faites votre devoir, monsieur le Pasteur. » — « Mais je ne connais pas la disposition de vos ambulances. Faites-moi accompagner. » Il me donne un soldat du corps de santé qui me conduit dans toutes les salles.

Voici un blessé catholique atteint du tétanos. Il fait de tels soubresauts, avant de s'immobiliser à jamais, que je ne peux l'approcher et que je suis obligé de lui donner l'absolution du seuil de la chambre où il est isolé.

Là, deux blessés reposent sur la même couche. L'un est catholique et l'autre protestant. Le premier veut se confesser. Mais il ne pourrait le faire sans être entendu de son voisin. La confession publique n'est pas obligatoire et je l'en dispense. Je l'absous. Un autre blessé catholique à qui je pose cette première question : « Depuis combien de temps vous êtes-vous confessé ? » me répond : « Oh ! déjà deux fois depuis que je suis en France. Mais les deux prêtres français, ne parlant pas allemand, m'ont donné tout de suite l'absolution. L'un d'eux m'a fait cadeau de ce crucifix. »

Et, alors, écartant sa capote, il me montre une belle croix en cuivre sur sa poitrine déchirée. Avant de quitter chaque chambre, je voyais les blessés se soulever péniblement : « Est-ce bientôt la paix, monsieur le Pasteur, s'écriaient-ils ! *Ist es bald der Friede ?* » — Pourquoi nous avez-vous déclaré la guerre ? répondais-je aussitôt. — Mais non ! Ce sont les Français qui nous ont provoqués ! » Et jamais je n'ai pu convaincre un seul d'entre eux, pas même les officiers.

Ah ! ils sont bien coupables, les impudents calomniateurs qui ont ainsi trompé le peuple allemand et faussé tous les esprits ! L'Histoire qu'on appelle avec raison, dit notre grand Bossuet, *la sage conseillère des princes*, l'Histoire qui met *la Vérité au-dessus de tout*, clouera ces hideux princes du mensonge au pilori moral. Eternellement, ils y seront couverts de tout le sang répandu dans cette guerre effroyable, selon l'expression de leurs blessés que j'essayais de consoler : « *Ach ! schrecklicher Krieg !* Ah ! guerre épouvantable ! »

Avant de me retirer, je ne peux m'empêcher de dire, avec satisfaction, à un officier : « Vous reculez, maintenant ! » — « C'est vrai, me répondit-il, et *nous ne comprenons rien à ce recul.* » Et, alors, animé d'une patriotique ardeur, les yeux étincelants : « Mais l'Allemagne tout entière va se ruer contre vous et nous mourrons tous jusqu'au dernier : *Wir alle wollen bis zum letzten sterben !* »

« Nous ne comprenons rien à ce recul ! » C'est ce que nous disaient aussi plusieurs officiers français : « Que l'on prêche, ajoutaient-ils, le *Miracle de la Marne* et que l'on prie Dieu de nous en accorder de pareils ! »

Lorsque je fus sur le point de quitter Lizy, le major Davidson, très ému, me remercia chaleureusement : « Monsieur le Pasteur, me dit-il, je vous remercie au nom de Dieu, au nom de l'humanité, au nom de la nation allemande, du bien que vous avez fait à nos soldats. » Je dois dire que chacun d'eux, après l'absolution, baisait ma main qui venait de répandre sur lui la

divine réconciliation. Ah! quel sublime ministère sacerdotal!
Pardonner à ses ennemis, absoudre ses pillards au nom de
Dieu! Mais je n'aurais été ni un prêtre juste, ni un vrai Français si je n'avais pas énergiquement blâmé les soldats allemands d'avoir dévasté nos propriétés. — « Nos chefs, m'ont-ils
répondu, nous permettent de piller toutes les maisons aban-
données. » C'est donc encore le haut commandement qu'il faut
rendre responsable de cette mentalité, comme c'est lui le vrai
coupable du bombardement sacrilège de nos cathédrales, de nos
églises et de tous nos monuments. Piller les biens des citoyens
paisibles et innocents, c'est un vol. Et si ce vol se fait avec vio-
lence, il prend alors, en théologie, le nom de rapine et de bri-
gandage. Nul n'a le droit, par un autre enseignement de per-
vertir les esprits et de fausser les consciences.

Mais peut-être, après tout, cet état d'âme est-il naturel aux
Allemands! Et leur conduite criminelle envers nous, nous donne
le droit de leur appliquer ces fortes paroles de Virgile à l'égard
d'une nation sauvage, d'un peuple de proie : *Horrida gens!*
« Tout armés, dit le grand poète latin, ils retournent la terre ;
ils aiment à charrier des dépouilles toujours nouvelles et à
vivre de rapines! »

Armati terram exercent, semperque recentes
Convectare juvat prœdas et vivere rapto!

Tels sont les évènements que j'ai vus se dérouler et ceux
auxquels mon ministère pastoral m'a forcé de prendre part.

Et maintenant, remplis d'une espérance invincible, forts de
notre union sacrée, marchons sans aucune crainte vers
l'avenir. La force brutale et déloyale n'est pas digne de triom-
pher. Dieu, dit saint Paul, Dieu a choisi ce qu'il y a de plus
faible selon le monde pour confondre les forts : *infirma mundi*
elegit Deus ut confundat fortia! Nous en avons un admirable
exemple dans cette petite mais héroïque Belgique. C'est à ce
faible peuple, en effet, que les Allemands si formidablement
forts et préparés devront faire remonter l'origine de leur
défaite. La Belgique ne s'est pas sacrifiée tout entière avec « ses
autels et ses foyers » dans son propre intérêt, mais uniquement
pour l'honneur. Aussi, ne lui dites pas que son sacrifice était
inutile. Elle vous répondrait avec son héroïque cardinal Mercier,
ou avec ce vrai Français, Cyrano :

« Que dites-vous ?... C'est inutile !... Je le sais !

« Mais on ne se bat pas dans l'espoir du succès.

« Non, non ! C'est bien plus beau, lorsque c'est inutile. »

Et son sacrifice, en effet, loin d'être inutile, sera constructeur et fécond. Il nous méritera la paix glorieuse, une paix basée sur la justice et l'équité, une paix, par conséquent, qui suppose le triomphe et le règne du Droit. Et, ainsi, par la honteuse défaite de nos ennemis fourbes, perfides et menteurs, ainsi sera pleinement vérifiée cette parole de nos Livres Saints : « *L'iniquité s'est menti à elle-même.* »

Quant à nous, Français, le monde tout entier affranchi par notre valeur proclamera de nouveau que nous sommes toujours *le Sergent de Dieu*, du Dieu de Vérité, à cause de notre franchise et de notre loyauté. Et notre victoire sera l'admirable justification de cette parole si profonde du Christ qui aime les Francs : « *La Vérité vous délivrera ! La Vérité vous donnera la liberté !* »

Ah ! je la vois déjà, cette victoire de la Vérité ! Et sa douce fille, la Liberté, notre liberté, est en chemin. Je la salue en votre nom, avec ces paroles enflammées de notre ardente Marseillaise :

> Liberté ! liberté chérie !
> Combats avec tes défenseurs !
> Sous nos drapeaux que la Victoire
> Accoure à tes mâles accents !
> Que tes ennemis expirants
> Voient ton triomphe et notre gloire !

MEAUX. — IMPRIMERIE G. LEPILLET.

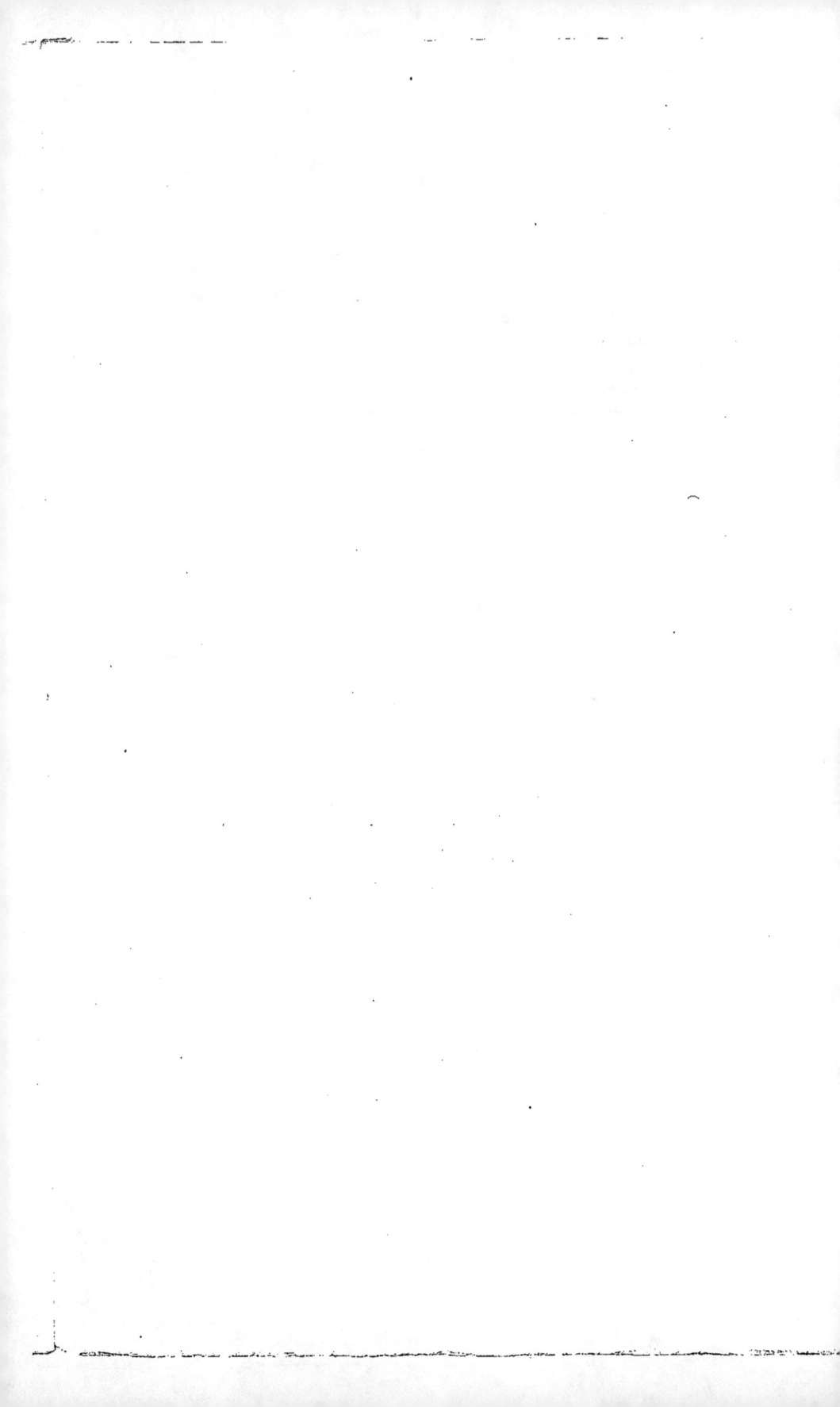